UN CURÉ ALLEMAND

EXTRAORDINAIRE

Typ. M. SCHNEIDER, 185, rue de Vanves — Paris.

M. L'ABBÉ S. KNEIPP

A. KANNENGIESER

UN CURÉ ALLEMAND

EXTRAORDINAIRE

ÉTUDE SUR M. L'ABBÉ S. KNEIPP

PARIS

P. LETHIELLEUX ÉDITEUR

10, RUE CASSETTE, 10

1891

PRÉFACE

Dans les quelques pages qu'on va lire, j'ai relaté plusieurs guérisons extraordinaires opérées par M. l'abbé Kneipp, l'illustre curé-médecin de la Bavière. Je ne saurais trouver de meilleure préface à l'histoire de sa vie que le récit d'une autre guérison qui m'est connue depuis quelques jours seulement. Le cas présente d'autant plus d'intérêt pour nous qu'il s'agit d'un savant français, d'un ingénieur dont le nom est bien connu à Paris. — M. Sandoz était gravement malade. Ecoutons-le raconter lui même ses misères. « Bien des années de souffrances continuelles, dit-il, d'insomnies persistantes, d'un état de faiblesse progressif rendant impossible tout travail suivi, avait provoqué chez moi, dès le printemps 1886, une série de douleurs très vives se renouvelant chaque année sous des formes diverses : rhumatismes aigus, bronchite, érysipèle à la tête. Chaque crise, plus prononcée et plus longue que la précédente, semblait, en aggravant mon état, devoir reculer indéfiniment tout espoir de relèvement. L'effondrement général fut précipité par l'influenza de l'hiver 1890. Quel fût le rôle de la médecine durant toute cette période ? . . . L'arsenic, les iodures et surtout le bromure de potassium me furent administrés à doses telles que les effets produits me forcèrent d'y renoncer . . . Au mois de novembre je consultai à Paris la plus haute sommité à laquelle dans mon cas je pouvais m'adresser. On me prescrivit un traitement interne de trois mois au bromure de sodium. Résultats : négatifs, aggravation du mal, affaiblissement plus prononcé. La vue suivait l'état général et s'était rapidement affaiblie. Au printemps 1887 je consultai à Paris trois oculistes bien connus. Les deux premiers me donnèrent un diagnostic alarmant et un traitement contradictoire. Je fus forcé de recourir à l'avis du troisième. . . Ces oculistes écartèrent toute idée de rendre à la vue quelque vigueur ! » M. Sandoz était désespéré lorsque par hasard il entendit parler de l'abbé Kneipp. Il jeta un coup d'œil rapide sur ses ouvrages et partit aussitôt pour Wœrishofen, la paroisse du curé-médecin. « Les premiers jours de septembre 1890, poursuit-il, j'arrivais à Wœrishofen dans des conditions fort décourageantes; mais j'y ai rencontré des malades plus à plaindre que moi et des convalescences faites pour redonner espoir et courage. . . Dès la *seconde* semaine je ressentis les premiers effets du traitement. Il consistait en deux affusions par jour, variées et toujours alternées. Des promenades nu pieds le matin dans la rosée, plus tard sur la glace et la neige fraîchement tombée. Dans la journée ces promenades nu pieds, avec repos forcé, duraient plusieurs heures. Les forces revenaient. Malgré, des alternatives souvent très pénibles de haut et de bas un progrès réel suivait une voie bien tracée. La lutte était très marquée ; le mal résistait à la puissance du traitement. Ce dernier gagnait insensiblement du terrain. Son action était progressive et certaine. Les membres reprenaient de la vigueur, les chairs s'affermissaient. Un embompoint anormal et les transpirations abondantes diminuaient. Au bout de sept à huit semaines la fatigue de tête et les douleurs, de dos suivirent le mieux-être général. Quelques douches fulgurantes avaient été appliquées à la tête dès la sixième semaine et plus tard des affusions à la tête jointes à l'affusion supérieure. Le sommeil reparaissait par intermittence et tendait à se régulariser. La vue acquit plus de jour ; j'avais abandonné pince-nez et lunettes ». Ce récit est plus éloquent que les plus hautes considérations philosophiques. M. Sandoz qui avait demandé inutilement la santé aux plus grands médecins de Paris a été guéri par l'humble curé de campagne bavarois.

On me dira que tout le monde ne peut pas aller à Wœrishofen. Je le veux bien ; mais tout le monde peut et doit étudier les admirables ouvrages de l'abbé Kneipp ; tout le monde y trouvera des conseils et des indications dictés par un homme de génie qui durant 40 ans a observé les forces et les lois de la nature. Les livres du curé de Wœrishofen ont en outre l'avantage d'être à la portée des intelligences les moins cultivées, et ses traitements celui de ne rien coûter. Comme le dit très bien M. Sandoz en tête de sa brochure sur l'abbé Kneipp : c'est « La santé pour tous, sans frais. » Êtes-vous souffrant ? Lisez *Ma Cure d'eau*. Voulez-vous éviter la maladie par la pratique d'une saine hygiène ? Lisez le volume intitulé : *« Comment il faut vivre »*. Vous aurez lieu de vous en féliciter

L'abbé A. Kannengieser

UN CURÉ ALLEMAND EXTRAORDINAIRE

Parmi les *spectacles contemporains* qui sollicitent l'attention publique, j'en connais peu d'aussi étranges et d'aussi intéressants que celui dont une petite bourgade de Bavière est en ce moment le théâtre. Il y a quelques années, Wœrishofen était inconnu, comme peut l'être le nom d'un village insignifiant perdu au fond d'une province. On eût sans doute embarrassé plus d'un géographe bavarois si on lui avait demandé des renseignements sur cette localité de son pays. Aujourd'hui, ce même nom se trouve sur toutes les lèvres en Allemagne, et Wœrishofen attire presqu'autant d'étrangers que Baireuth et Oberammergau !

Cette célébrité soudaine, le village que je viens de nommer la doit à son curé, et cela est piquant à constater !

Si notre époque est prompte aux engouements, — et qui oserait le nier ? — on ne saurait dire que le prêtre catholique soit souvent l'objet de ces sortes de popularités. Les générations présentes, surtout dans certaines contrées, sont sinon anticléricales, du moins terriblement sécularisées. Marier, baptiser, enterrer,

et, dans l'intervalle, chanter des grand'messes et ré-
citer des homélies devant un auditoire pieux, voilà à
peu près les seules fonctions sociales que la plupart
veuillent bien reconnaitre au clergé. Tout ce qui sort
de ce cadre étroit leur semble une usurpation contre
laquelle protesterait volontiers plus d'un catholique.

Pour des hommes imbus de tels préjugés, le curé de
Wœrishofen constitue une anomalie qui bouleverse
toutes les catégories de l'intellect laïque. L'abbé Kneipp
— c'est le nom de l'excellent pasteur, — est en effet
un prêtre exceptionnel, réfractaire aux classifications
ordinaires. Il occupe une place énorme dans l'opinion :
en moins de quatre ans, il a conquis une réputation que
pourraient lui envier les plus grands savants. Récem-
ment, il s'est décidé à écrire des livres de médecine,
et ces volumes ont plus d'éditions que les romans de
Zola ou les pamphlets de Drumont. On se les arrache
chez les libraires ; tous les journaux en parlent ; on
les traduit dans toutes les langues de l'Europe. Ce
n'est pas tout ! L'auteur de ces livres retentissants
donne des consultations médicales, et chaque année
près de 30.000 malades affluent dans ce pauvre village
qui ne possède pas une hôtellerie confortable. Des
évêques, des princes, de riches financiers, cherchent
et trouvent souvent à Wœrishofen la santé qu'ils
avaient en vain demandée aux plus habiles médecins.

Munich, la capitale, considère comme une faveur que Kneipp y vienne faire une conférence, et le prince régent mande au palais royal le plus populaire de ses sujets. Enfin, par un vrai miracle, beaucoup de médecins eux-mêmes se mettent à l'école de ce collègue en soutane, et pendant que les uns lui envoient leurs malades, les autres n'hésitent pas à passer quelques semaines auprès de lui !

Ce spectacle, en vérité, est curieux et il mérite qu'on s'y arrête un instant !

Au mois de mai, l'abbé Kneipp a célébré le soixante-dixième anniversaire de sa naissance, et, à cette occasion, des publicistes reconnaissants lui ont consacré des études biographiques détaillées. C'est en les prenant pour guides que je voudrais esquisser rapidement le tableau de sa vie et montrer le rôle important que ce prêtre catholique joue dans la protestante Allemagne.

I

Tout est extrordinaire, j'allais dire prodigieux, dans l'existence de cet humble curé de campagne ! Sa jeunesse n'a été qu'une longue série d'épreuves qui eussent brisé toute autre nature que la sienne. Sur les instances de quelques amis, il vient de raconter lui-même le drame de sa vie dans le journal qui porte

son nom. Ecrite avec un grand charme, cette autobiographie est un des récits les plus émouvants que j'aie
jamais lu. On dirait un chapitre emprunté à la *Légen-
de dorée*, tant le merveilleux — et cependant tout y
est strictement vrai, — éclate à chaque ligne.

L'abbé Kneipp est né le 17 mai 1821 à Stefansried,
un petit hameau de la paroisse d'Ottobeuren. « Mes
parents, dit-il, étaient très pauvres. Mon père exerçait
le métier de tisserand. Il était si admirablement doué
qu'il m'embarrassa souvent par ses connaissances his-
toriques, même à l'époque où je portais déjà la soutane ». On raconte en effet que ce tisserand bavarois savait par cœur *l'Histoire des Variations* de Bossuet.
Hélas ! l'intelligence et le talent ne donnent pas la fortune, et la famille Kneipp vivait dans un état voisin du
dénuement. Le prêtre, aujourd'hui célèbre, rappelle
des souvenirs pénibles de ces jours lointains. Quand
arriva le moment de sa première communion, la mère
lui tailla un vêtement dans sa robe de mariage, et le
père lui donna son chapeau qui datait encore de la
garde bourgeoise. L'enfant eut une joie extrême à porter ce costume : il fallut l'admiration railleuse du hameau pour troubler son bonheur, et ce fut un de ses
premiers désenchantements !

A onze ans, il fut obligé d'apprendre le métier de son
père, et, au bout de quelques mois, on exigea de lui

cinq aunes de toile par jour. Oh! il travaillait avec entrain, le pauvre petit, du matin au soir, pour augmenter les maigres ressources du budget familial! Mais il le faisait par obéissance plutôt que par goût. Pendant qu'il était assis à son ouvrage, et que la navette courait à travers la chaîne, son esprit s'envolait vers d'autres régions : il avait un rêve, une sainte ambition, celle de devenir prêtre ; un élan irrésistible le poussait vers le sanctuaire.

Malheureusement, le tout n'est pas de se sentir la vocation du sacerdoce ; il s'agit de faire de longues études, et ses parents étaient trop pauvres pour avoir même le courage d'y songer. « Nous n'avons pas d'argent, disaient-ils à leur fils, et si Dieu avait voulu que tu fusses prêtre, il nous aurait donné de quoi te seconder ». L'argument était spécieux et pouvait ébranler un enfant de douze ans. Mais le petit Sébastien avait entendu des voix, — lorsqu'il quittait sa toile, il gardait les troupeaux comme Jeanne d'Arc, saint Vincent de Paul, Grégoire VII, — et rien ne put le détourner de son projet. Il alla trouver le vicaire d'Ottobeuren, le priant d'appuyer sa requête auprès de ses parents. Le vicaire vint chez les tisserands et leur dit : « Si vous êtes à même de dépenser 2000 *gulden* pour votre fils, faites-le étudier, sinon, gardez-vous en bien. Moi aussi j'ai commencé pauvre, et je sais ce qu'il en coûte de misères » ! On juge de la désolation de l'enfant ! Là où il avait compté sur un avocat bienveillant, il rencontra un juge sévère qui prononça sa condamnation.

On reproche quelquefois au clergé de peser sur les jeunes intelligences, d'éveiller en elles des vocations imaginaires. L'exemple de l'abbé Kneipp prouve combien cette accusation est peu fondée. Il s'est adressé à plus de vingt prêtres jusqu'à l'âge de dix-huit ans, et tous l'ont détourné de la voie où il voulait s'engager. On le renvoyait à son métier.

Quelle lutte poignante entre les aspirations idéales d'une part, et les douloureuses nécessités de la vie réelle de l'autre ! L'enfant était rivé à un travail terre à terre, et son âme planait sur les cimes ; il était écartelé à deux mondes. Après soixante ans, ces réminiscences du passé assombrissent encore le visage du vieillard. « J'étais, dit-il, comme le chien à la chaîne ! ».

Cette chaîne, il la quittait de temps à autre pour reprendre son odyssée de presbytère en presbytère, demandant à tous les curés l'aumône de l'enseignement classique ! « Je les suppliais, raconte-t-il, d'avoir pitié de moi et de rendre la paix à ma conscience. Mais il semblait que tout le monde se fût conjuré contre moi pour étouffer ma vocation ». Le cœur du jeune homme fut effroyablement torturé par ces refus. Repoussé de partout, il se recoquilla, pour ainsi dire, évitant les hommes, et ne trouvant de bonheur que dans la solitude. Les souffrances et les privations le firent vieillir avant l'âge, et à dix-sept ans il paraissait en porter trente. « Un jour, écrit-il, avec un sourire mélancolique, je me rendais à Memmingen ; chemin faisant, un étranger me rencontra. Il me demanda si j'étais marié ; je lui répondis que je l'étais pour la seconde fois, tant cette question me parut folle ! ». Chose étrange ! il retrouva la jeunesse et la verdeur dès qu'il fut prêtre.

A dix-huit ans, il ressentit la nostalgie du sacerdoce avec un redoublement d'angoisse. Une nuit, il se leva vers une heure du matin, quitta la maison de son père sans un liard en poche, et se dirigea vers la ville de Kempten, située à neuf lieues de Stefansried. Ce qu'il chercha, on le devine. Il se présenta au collège et supplia le recteur de vouloir l'admettre parmi ses élèves. Le recteur fit tout ce qu'il put pour le dissuader. De guerre las, il lui promit de le recevoir s'il apportait le consentement écrit de son père. Le jeune homme rentra le même soir, après avoir fait ainsi près de vingt lieues. La réponse du père fut défavoble. De plus en plus effrayé, le tisserand refusa l'autorisation demandée, et tout était de nouveau fini. «J'étais inconsolable, dit l'abbé Kneipp ; je ne trouvais ni trêve ni repos et je n'avais personne au monde qui voulût partager mes peines. Dans cet état de choses, je résolus de faire des épargnes, de réunir sou par sou une petite somme qui me permît d'aller au loin » !

Cette résolution fut un baume pour son âme. Durant trois années, il travailla fièvreusement, et à mesure que les *kreuzer* s'empilaient dans sa bourse, son cœur se dilatait un peu de joie. Comme il aimait ce petit trésor ignoré de tout le monde ! Il l'avait caché sous le toit et évitait tout ce qui aurait pu éveiller le moindre soupçon. En hiver, il tissait avec frénésie pour produire quelques aunes de toile supplémentaires, et l'été il allait servir comme moissonneur ou comme maçon, ne reculant devant aucune fatigue. Une sainte avarice décuplait ses forces, et ses économies grossissaient à vue d'œil. Enfin le ciel s'ouvrira pour lui. Il acheta les meubles indispensables à un étudiant : un lit, une malle, une armoire, et il lui resta encore environ 200 francs. Il avait atteint sa vingt-et-unième année, et l'heure lui semblait venue de prendre son bâton de pèlerin et de tenter le sort.

Le jour même de son anniversaire, il était assis à son métier, prêt à lui dire un dernier adieu. Une vive émotion soulevait sa poitrine. Il allait donc abandonner ce foyer témoin de ses longues tristesses, ce hameau, ces collines, ces champs où il avait tant pleuré, tant souffert et tant prié ! Quand reverrait-il toutes ces choses sur lesquelles flottait un peu de son âme ? Et quelle joie de les revoir un jour avec la certitude d'être prêtre ! Ce rêve enchanteur fut troublé par un incident qui anéantissait pour longtemps toutes ses espérances. Une noire colonne de fumée s'éleva à l'extrémité du hameau et en peu de temps treize maisons sur quatorze furent la proie des flammes. La demeure de Sébastien fut dévorée par l'incendie comme toutes les autres et il n'eut que le temps de sauver quelques objets qui appartenaient à sa famille. En vain s'efforça-t-il ensuite de délivrer son armoire. Le feu le surprit dans l'escalier et il fallut tout laisser pour avoir la vie sauve. « Et voici le vieil étudiant, — c'est lui-même qui parle, — en présence de cette flamme qui a englouti tout ce qu'il possédait, le fruit d'un travail de trois ans ! Il ne lui reste pour touté fortune que ce qu'il a sur le corps : une vieille chemise et un pantalon de toile grossière ! Jamais de ma vie, ajoute-t-il, je n'ai mieux compris combien sont vains les projets des hommes » !

L'argent sur lequel il avait compté pour commencer ses études avait disparu dans la catastrophe. A vingt-et-un ans, il se trouvait plus pauvre que jamais, et pour comble de malheur les siens étaient réduits à la misère, sans un morceau de pain et sans un abri où reposer la tête. Une étincelle partie on ne savait d'où, avait dissipé le mirage qui avait fait tressallir son être et tout était à recommencer !

Il s'agissait d'abord de reconstruire la maison avant le retour de l'hiver. Le pauvre étudiant manqué s'y mit avec un courage désespéré, travaillant dès l'aube jusque bien avant dans la nuit.

« Pendant tout cet été, dit-il, je n'ai pas couché une seule fois dans un lit ». Et tout en préparant le mortier, ce singulier maçon rêvait bréviaire et missel. Dieu n'aurait-t-il pas pitié de lui ? Ne se rencontrerait-il pas une seule âme capable de comprendre ses aspirations et disposée à les seconder ? Et de grosses larmes tombaient sur les joues amaigries du jeune homme. Si du moins une lueur d'espoir avait paru à l'horizon, mais rien que des figures indifférentes ou railleuses et la perspective d'une infinie désolation.

Sébastien n'y tenait plus. Une fois la maison de son père reconstruite, il se décida à partir malgré l'opposition des siens. Muni de son livret de tisserand, il s'éloigna de Stefansried sous prétexte d'aller à l'étranger étudier le système des nouveaux métiers. Il parcourut successivement Augsbourg, Munich, Schœngau, avec l'espoir qu'un prêtre le prendrait en pitié. Ses démarches échouèrent partout, et il revint chez lui, la mort dans l'âme. On se moqua de son échec — car on avait deviné le motif de son départ — et on lui fit comprendre qu'il devait enfin se tenir coi et renoncer aux aventures.

Mais les voix l'appelaient toujours et, quoi qu'on fit, un instinct irrésistible l'attirait au dehors.

Il repartit — peut-être pour la vingtième fois — et alla à quatre lieues de Stefansried à Grœnenbach trouver un jeune vicaire qu'il ne connaissait pas, mais vers lequel le dirigeait sans doute la Providence. Ce prêtre, l'abbé Mercklé, devenu plus tard prélat, accueillit le tisserand avec bonté, écouta le récit de ses tribulations, et ému de tant de persévérance héroïque, promit de lui enseigner les rudiments de la grammaire latine. Les leçons devaient commencer dans huit jours.

Huit jours d'attente ! C'était long pour Sébastien Kneipp, que consumait le désir d'étudier. Mais la joie d'être exaucé compensa largement les impatiences de ce délai, et au jour fixé, il se mit en route tout rayonnant d'espérance. Il portait le ciel dans son cœur !

Aux yeux de la multitude, il était aussi fou que ce sublime François d'Assise qui avait épousé la pauvreté et prêchait aux poissons de la mer. On pouvait même le trouver grotesque dans son accoutrement qui contrastait d'une manière si étrange avec ses hautes visées. Qu'on se figure un de ces compagnons qui se rencontrent isolés ou par petits groupes sur les grandes routes d'Allemagne, frappant à toutes les portes pour demander du pain et du travail. Il est agé de vingt et un ans et on lui en donnerait plus de trente. Ses vêtements dénotent une pauvreté extrême, un pantalon de coutil, un sarrau, et pour coiffure un bonnet de coton. Avec cela à peu près 4 francs dans sa bourse, mais une force indomptable au cœur !

Il arrive à Grœnenbach à la tombée de la nuit et se présente chez le maire. Quand il lui dit qu'il cherche un logement parce qu'il étudiera le latin chez le vicaire, ce brave magistrat tombe des nues. Comment! ce mendiant vieillot songe à faire du latin ? « Étudier, vous, s'écria-t-il, c'est insensé ! Vous ressemblez à un valet de ferme et vous feriez mieux de gagner votre vie comme tel ! — Mais le vicaire a promis de me recevoir ! — Notre vicaire est tout jeunet, il ne peut rien refuser à personne. Certes, il s'est engagé plus qu'il ne voulait ». Et le lendemain le maire courut de bonne heure chez le vicaire pour lui dire qu'il était en train de commettre une folie.

Pauvre tisserand ! les épreuves n'étaient donc pas finies ! Il n'avait donc pas vidé jusqu'à la lie le calice d'amertume! Tremblant comme une feuille il se dirigea vers le presbytère pour affronter la présence de celui qu'il considérait comme son sauveur. L'abbé Mercklé était devenu plus ou moins hésitant. Son bon cœur l'emporta néanmoins sur les objurgations du maire et il dit à son protégé : « Nous allons essayer ; nous verrons alors ce qu'il y aura à faire ». En même temps, il lui donna à apprendre la première déclinaison : *Mensa*, la table.

Le pas décisif était franchi. En ce temps-là on aurait sans doute fort étonné le vieil étudiant, son jeune maître, le digne magistrat de Grœnenbach, si on leur avait dit que le tisserand latiniste serait dans la suite le prêtre le plus fêté de l'Europe et un bienfaiteur insigne de l'humanité. Mais qui donc pouvait soulever le voile de l'avenir ? Sébastien Kneipp y pensait moins que tout autre. Au sortir du presbytère, il s'empressa de rentrer à la ferme. Là il se blottit dans un coin pour se familiariser avec les paradigmes de la grammaire latine, et sa mémoire stupéfaite enregistrait ces mots bizarres :

Nominatif : *mensa*, la table.

Génitif : *mensæ*, de la table.

Ce devoir appris, il se mêla aux ouvriers de la ferme et tâcha de se rendre utile en partageant leurs travaux. Le lendemain et les jours suivants les choses se firent de même : l'étudiant passait de l'étude à l'écurie, de la grammaire à l'étrille avec la plus grande aisance.

N'y aura-t-il plus de complication ? Hélas ! il avait tout à craindre. Il ne possédait qu'une chemise unique, et le maire, qui s'en aperçut, dit à sa femme : « Ecoute, tout cela ne me plaît guère, on n'envoie rien à notre étudiant, personne ne s'en préoccupe, il doit y avoir quelque chose de louche là-dessous ». Le pauvre pécheur qui entendit par hasard ces paroles menaçantes eut la consolation de voir la fermière prendre sa défense : « Je t'en prie, supplia-elle-t-elle son mari, ne lui dis rien. Il vit dans des transes continuelles ; il est si bon! et il travaille autant qu'un ouvrier, alors même qu'on ne lui demande rien. Je suis sûre que tout s'expliquera ».

En effet, l'explication vint plutôt que l'incriminé ne s'y attendait. Sa famille, que rongeait l'inquiétude, avait appris que le fils perdu étudiait le latin chez un vicaire de Grœnenbach. La sœur aînée fut chargée d'aller en reconnaissance et de découvrir le tisseur récalcitrant. La Providence voulut qu'elle entrât tout juste dans la maison où se trouvait son frère.

Cette fois l'étudiant était trahi. Le maire fut touché par le récit de la jeune fille et pardonna la cachotterie au coupable. Mais que dirait le vicaire ? Notre latinis-

te se le demandait au moment ou il entra au presbytère pour y dîner dans un coin de la salle à manger.
« Je me sentais étouffer », dit-il ; au milieu du repas la
gouvernante, déjà informée de tout, entame la question. « Eh bien, interroge-t-elle l'abbé Mercklé, avez-
« vous déjà appris ce qu'a fait votre élève ? pourquoi
« il a quitté sa famille ? Il feignit d'aller en Suisse
« étudier les nouveaux métiers de tissage, et il est ve-
« nu ici étudier le latin, bien que tous les siens s'y fus-
« sent opposés ». Le pauvre étudiant était plus mort
que vif pendant que ces révélations tombaient sur sa
tête comme des coups de massue. Heureusement le
vicaire comprit les angoisses et les luttes de son protégé. Lorsque celui-ci lui eut raconté sa vie, il lui dit
avec les larmes aux yeux : « Comme tu n'as pas pu
faire autrement, je te pardonne. La vocation dépend
de Dieu. Fais en sorte que tu deviennes quelque
chose ».

Combien ce prêtre a dû se féliciter dans la suite de
sa mansuétude ! L'abbé Kneipp lui en a conservé une
reconnaissance que rien n'a pu affaiblir. Les deux sont
restés d'excellents amis, et il y a quelques années à
peine Mgr Mercklé est venu mourir à Wœrishofen,
entre les bras de ce cher tisserand dont Dieu a fait un
saint et un médecin de génie. Pour le clergé parois-
sial, il y a là un enseignement qui a son prix. Plus de

trente prêtres ont été sourds aux supplications du jeune homme de Stefansried. Le chagrin l'aurait tué si l'abbé Mercklé avait agi de même. Grâce au dévouement de ce dernier, Kneipp est devenu prêtre et depuis il a rendu la santé et sauvé la vie à des centaines de ses collègues.

En 1842 on était loin de prévoir ce glorieux avenir pour le vieil étudiant. Il fit cependant de rapides progrès dans la science. C'était un esprit très ouvert, qui s'était du reste révélé de bonne heure. Encore tout enfant, il se faisait remarquer par un talent d'observation extrordinaire. A six ans, une brosse lui tomba entre les mains. Cet objet éveilla vivement sa curiosité enfantine. Il le mit en morceaux, en examina les diverses parties, puis chercha des racines à la forêt et fabriqua lui-même une nouvelle brosse. Ce trait et d'autres du même genre dénotaient des aptitudes peu communes. Son père lui avait donné une ruché d'abeilles. Il passa tous ses moments libres à observer les mœurs et les habitudes de cette grande famille laborieuse, et devint plus tard un apiculteur connu dans toute la Bavière.

Ainsi doué par la nature, l'élève de l'abbé Mercklé rattrapa promptement une partie du temps perdu. Il passa quelques mois heureux, à Grœnenbach, où il ne tarda pas à conquérir l'affection et l'estime de tous les habitants.

Après deux années de leçons particulières, l'heure était venue d'entrer au collège. L'abbé Mercklé qui, sur ces entrefaites, avait été transféré à Augsbourg, envoya son élève au gymnase de Dillingen. Mais il était dit que les hommes lui seraient toujours contraires. Le recteur l'accueillit plus que froidement et refusa de l'admettre dans la maison : « Il n'y a pas grand'chose à faire avec les vieux étudiants, grommela-t-il. Pas n'est longtemps, un vieux meunier nous est arrivé ainsi, et nous n'avons rien pu en tirer. Il en serait sans doute de même d'un tisserand ». L'exemple du meunier ne prouvait rien, et le recteur, qui connaissait l'histoire, aurait pu se souvenir de ce vieux soldat qui se mit à l'étude à quarante ans et qui devint saint Ignace de Loyola. Kneipp, désespéré, se présenta de nouveau le lendemain au gymnase. Même refus. Lorsqu'il revint à la charge, le surlendemain, le recteur le mit à la porte. Le cœur de l'infortuné jeune homme faillit se briser.

Les épreuves, les déceptions, sont choses ordinaires dans la vie. Comme le dit le poète,

Ici-bas la douleur à la douleur s'enchaîne.
Le jour succède au jour et la peine à la peine.

Mais il faut avouer que cet enchaînement a été rarement aussi rigoureux que chez notre étudiant bavarois. Il semble que Dieu ait pris plaisir à multiplier les expériences du creuset, pour obtenir un or d'une plus grande pureté.

Rebuté par le recteur de Dillingen, Sébastien Kneipp retourna à Augsbourg; il fit, en une seule journée, les seize lieues qui séparent les deux villes. L'abbé Mercklé le consola de son mieux et lui promit de tout arranger. Il tint parole, et le collégien de vingt-trois ans vit enfin les portes du gymnase s'ouvrir devant lui.

Il y demeura quatre ans, pour achever ses études classiques. Beaucoup plus vieux que ses condisciples, il s'efforça également de les surpasser par son application au travail. Son zèle l'emporta tellement qu'il ne calcula plus ses forces. Il en abusa et voici un nouvel obstacle imprévu qui se dresse sur son chemin pour lui barrer le passage. La nature lui fut implacable comme les hommes avaient été inflexibles. Il ruina sa santé! Lui qui, à dix-huit ans, portait, sans sourciller, 150 kilos, il ne pouvait plus se tenir sur ses jambes à la fin de sa troisième année de gymnase: plus d'appétit, plus de sommeil et une faiblesse générale extrême. Un médecin militaire bien connu s'intéressa au pauvre collégien et lui accorda les soins les plus empressés. Il le visita cent quatre-vingt-quinze fois, essaya tous les remèdes, amena d'autres médecins auprès du malade. Tout fut vain. La science fut impuissante à arrêter les progrès du mal. De l'avis de tout le monde, les études et les privations avaient tué le robuste tisserand de Stefansried. Chaque fois qu'il s'en allait en vacances, il entendait ses condisciples qui se chuchotaient à l'oreille : « Le *vieux* est perdu, nous ne le reverrons pas » ! Toutefois l'air du pays natal le ranimait un peu et il revenait à la réouverture des classes, il est vrai, pour traîner la même existence misérable. Il n'était plus que l'ombre de lui-même.

Son état ne changea en rien lorsqu'il alla suivre le cours de philosophie à Munich : « Je souffrais peu, dit-il, mais j'étais si faible que j'étais incapable de suivre le professeur ». Le régime auquel la pauvreté condamnait le malade n'était pas de nature à lui redonner des forces. Le strict nécessaire lui manquait le plus souvent. « Le matin, dit-il, je ne prenais rien ; à midi, je me procurais pour trois *kreuzer* de viande et un *kreuzer* de pain ; mon souper comprenait une soupe de la valeur de deux *kreuzer* et un morceau de pain ». Il vivait donc à raison de 25 à 30 centimes par jour ! Le quartier latin n'a jamais connu d'étudiant aussi sobre et aussi besoigneux.

Le philosophe de Stefansried était condamné par la science. Les médecins l'abandonnaient à son triste sort, et les supérieurs ecclésiastiques lui témoignaient cette bienveillance particulière qu'on éprouve pour ceux qui n'ont plus longtemps à vivre. Tant d'efforts surhumains n'avaient servi qu'à le conduire prématurément à la tombe.

Tout était perdu du côté de la terre. C'est le moment que Dieu choisit quand il veut venir en aide à ceux qu'il prédestine à de grandes choses. « Un jour, raconte l'abbé Kneipp, j'allai, avec un de mes condisciples, à la bibliothèque, moins pour y lire, — j'en étais incapable, — que pour me distraire. Comme je ne savais quel livre demander, on me présenta un catalogue. Je le feuilletai d'un doigt négligent, et mes yeux tombèrent fortuitement sur le *Traité d'hydrothérapie* du docteur Hahn. Ce titre me frappa, et je me fis donner le volume. J'y vis que l'eau pouvait guérir de toutes les maladies. C'était pour moi l'étoile du matin d'un meilleur avenir » !

Retrouver la santé par l'eau devint dès lors l'idée fixe qui écarta toute autre préoccupation chez Sébastien Kneipp. Il y eut, pour ainsi dire, un pacte entre lui et cet élément. L'eau a tenu toutes ses promesses comme nous allons le voir. Non seulement l'étudiant fut guéri par elle, mais il s'en servira, dans la suite, pour rendre la santé à des milliers de malades sur lesquels les autres remèdes ne pouvaient plus rien. Elle le conduira à la célébrité, à la gloire : son nom deviendra synonyme d'hydrothérapie.

Il lut avidement le volume de Hahn pendant les vacances d'automne. Après sa philosophie, il retourna à Dillingen, et là il commença à faire une connaissance plus intime avec l'eau. Il avait une volonté de fer qui ne reculait devant aucun obstacle. Trop pauvre pour pratiquer l'hydrothérapie dans des conditions *humaines*, il se soumit à un régime effrayant. Lui qui était presque poitrinaire, il allait, au cœur de l'hiver, par des froids de 15 degrés, se plonger dans les eaux du Danube, dont il rompait d'abord la glace. Contrairement à ce que l'on pourrait supposer, ces bains inouïs produisaient les meilleurs effets. L'*abbé* Kneipp, — il suivait maintenant les cours de théologie, — sortait tout ragaillardi des eaux glaciales du fleuve, et, au bout de quelques mois son état s'était transformé, à la grande stupéfaction de ses amis. Il n'avait révélé son secret à personne, car on l'aurait empêché de donner suite à ses folles idées.

De Dillingen, il fut envoyé au grand séminaire de Munich, où il continua en cachette sa cure d'eau. Il s'en trouva de mieux en mieux, et finit par se remettre tout-à-fait. Il ne tarda pas à avoir l'occasion de faire des expériences décisives sur les autres. Un de ses condisciples vint lui dire, tout en larmes : « Voilà douze ans que j'ai étudié, je voudrais devenir prêtre, je vis d'aumônes, et le médecin me refuse le certificat d'ordination ». L'abbé Kneipp consola le jeune homme et s'engagea à le guérir. Mais comment employer l'hydrothérapie ? Il y avait, dans la cour du séminaire, un bassin plein d'eau. Chaque nuit, l'abbé Kneipp descendait avec le malade dans la cour, en sautant par la fenêtre. Il le plaçait près du réservoir et lui administrait une lotion, malgré des froids de 10 et de 12 degrés. On pourrait croire que c'était plus qu'il n'en fallait pour tuer un homme robuste. Loin de succomber, le séminariste malade cessa de tousser, et reprit une grande vigueur. Quelques semaines plus tard, il prêcha son sermon d'essai ; il parla avec tant de flamme et de force que ses supérieurs en furent stupéfaits. Le bruit courut au séminaire que le *père* Kneipp avait opéré cette guérison. Le médecin n'en revenait pas : « Cet homme, dit-il au recteur, était poitrinaire il y a quelques mois, et le voilà plein de santé ; on pourra l'ordonner prêtre sans hésiter ». L'année suivante, l'abbé Kneipp sauva la vie à un autre de ses condisciples par les mêmes procédés. Ce nouveau *client* se remit si bien, qu'il put entrer dans la Compagnie de Jésus, où il rend encore des services aujourd'hui. Peu à peu, le *père* fut le médecin le plus consulté de l'établissement. Tous ses collègues adoptèrent les principes d'hygiène qu'il préconisait, et ils s'en trouvèrent à merveille. Il était clair que ce tisserand, qui s'était mis au latin après sa vingt-et-unième année, ne ressemblerait pas aux autres curés.

L'abbé Kneipp avait au-delà de trente et un ans lorsque l'évêque d'Augsbourg lui conféra la prêtrise le 6 août 1852. Le rêve de son enfance et de sa jeunesse était enfin réalisé! Le fils du pauvre tisserand de Stefansried, tisserand lui-même, offrait le sacrifice de la messe pour sa mère, morte six ans trop tôt. Quel ravissement, quelle extase! Pendant un quart de siècle, il avait lutté contre des obstacles sans nombre, dont chacun pouvait paraître insurmontable. La misère noire, la maladie, l'indifférence des uns, les railleries des autres, l'opposition de tous; que d'ennemis à combattre, que d'épreuves à subir! Tous ces cauchemars pénibles s'évanouirent dans le rayonnement des joies de sa première messe! Il était prêtre, Dieu l'avait exaucé!

Le prêtre est le médecin des âmes qui sont souvent plus malades que les corps. En entrant dans le ministère sacré, l'abbé Kneipp avait résolu de laisser dor-

mir la médecine, et de ne s'occuper que de ses fonctions ecclésiastiques. Il oubliait que les circonstances
sont plus fortes que les hommes. « Comment, dit-il
dans son autobiographie, ne pas s'occuper de la santé
des corps quand on voit de pauvres malades cloués
sur leur lit de douleur? Comment résister à la tenta-
tion de leur conseiller un remède »? Et toutes les belles résolutions s'envolèrent pour le plus grand bien
de ses paroissiens. Il ne résista point, et partout où il
passait il soulageait les malades en leur prescrivant
des soins hydrothérapiques. Les guérisons opérées
par lui se comptèrent par centaines.

Malgré sa modestie et sa discrétion, ces miracles de
l'eau firent quelque bruit dans le pays. Les médecins,
qui redoutaient une malencontreuse concurrence, dé-
noncèrent le prêtre philanthrope ; les autorités s'en
émurent, et l'abbé Kneipp fut cité à la barre du *Land-
gericht.* Il ne s'en troubla guère et se contenta de
poser au président du tribunal cette question captieu-
se: « Lorsqu'un malade a dépensé tout son avoir à
acheter des drogues et à payer les médecins, et que
ces derniers lui disent: nous cessons de vous soigner,
car vous n'avez plus d'argent, et les remèdes sont
d'ailleurs inutiles ; n'ai-je pas le droit de venir en aide
à ce malheureux »? Le juge, qui était sans doute un
homme d'esprit, comprit la critique du malicieux ac-

cusé, et il lui répondit: « Voilà six semaines que je souffre d'un affreux rhumatisme, les médecins sont incapables de me soulager, indiquez-moi donc un remède ». L'abbé Kneipp fut bon prince et « il guérit son juge ». L'histoire a parfois de ces aimables ironies.

Quelques années plus tard, le guérisseur non patenté eut de nouveau maille à partir avec les autorités. Il fut appelé au *Bezirksamt*, — la préfecture, — et vertement tancé. « Vous n'êtes qu'un gâte-métier (*Pfuscher*) », lui dit un fonctionnaire d'une voix rauque. L'abbé Kneipp protesta contre ce terme : « Je guéris, dit-il, par des moyens naturels des malades abandonnés par leur médecin. Cela ne s'appelle pas gâter le métier » ! On le renvoya acquitté. Pour se venger de la préfecture, il guérit la femme d'un des plus hauts personnages du lieu. Il raconte à ce sujet une anecdote des plus piquantes. La dame en question chantait partout les louanges de son bienfaiteur. Comme son mari lui recommanda la discrétion, en ajoutant que l'abbé Kneipp pourrait être poursuivi, elle lui dit : « Si ce prêtre est condamné, la première amende sera de 7 *gulden*. J'ai déjà préparé cette somme, il est donc inutile de le citer. Au fond, vous ne voulez que l'argent, je mets les 7 *gulden* à votre disposition. Quant à me taire, je ne le puis. Je ne cesserai de proclamer bien haut que l'abbé Kneipp m'a

guéri alors que tous les médecins m'avaient abandon-
née ».

Bon gré mal gré, il fallut laisser le bon Samaritain
soulager les malades sans l'aveu de la docte Faculté.
Un fait indiscutable fermait la bouche à ses détrac-
teurs : il guérissait beaucoup de monde !

En même temps qu'ils désarmaient la bureaucratie,
ces succès augmentaient la clientèle de l'abbé Kneipp.
On venait à lui de tous les côtés. « Pendant de nombreuses années, dit-il, il m'arrivait tous les jours de
quinze à vingt personnes qui cherchaient du secours
auprès de moi ». Sa réputation médicale s'étendait au
loin dans la région. On le considérait comme un homme providentiel et, il y a environ dix ans, on commença à en parler même au-delà de la frontière bava-
roise. Le jour ne tarda pas à venir où il devint une
célébrité européenne.

II

L'abbé Kneipp était loin de chercher ce renom ou
de courir après la gloire. Elle lui vint par surcroît
lorsqu'il se décida à livrer au grand public le fruit de
sa longue expérience. — Il y a cinq ou six ans, le R.
P. abbé de Beuron, l'illustre réformateur des Bénédic-
tins d'Allemagne, engagea le curé de Wœrishofen à
publier son système hydrothérapique. « Vous devez
ce service à l'humanité, lui dit-il. — Impossible ! s'é-

cria l'abbé Kneipp ; dès que je prends la plume, je me sens d'une sécheresse extrême. Il est vrai que je pourrais dicter pendant des heures sans fatigue. — Eh bien, interrompit aussitôt le R. P. Maurus Wolter, je vous enverrai un de mes religieux qui vous servira de secrétaire ». Ainsi fut fait. Le R. P. Ildefonse, actuellement abbé du monastère de Seckau, se rendit à Wœrishofen et écrivit, sous la dictée du bon curé. Au bout de six semaines le livre fut prêt et, vers la fin de l'année 1886, MA CURE D'EAU — *Meine Wasserkur* — fut annoncée dans la presse.

L'effet fut immense et dépassa les prévisions des admirateurs les plus optimistes de l'abbé Kneipp. Bien que le volume coûte plus de 3 francs, il s'est vendu dans des proportions fantastiques. Plus de cent quatre-vingt mille exemplaires ont été écoulés en moins de cinq ans, et les éditions se succèdent encore de mois en mois, comme s'il s'agissait de quelque roman palpitant d'actualité. La librairie allemande ne connait peut-être pas de succès plus triomphant que celui de *Ma cure d'eau*. Le nom du modeste prêtre bavarois est dans toutes les bouches et ses nouveaux livres deviennent de gros évènements littéraires. — Et ce n'est pas seulement l'Allemagne qui s'est passionnée pour l'ouvrage de l'abbé Kneipp. A peine avait-il paru qu'il fut traduit en polonais, en francais, en tchèque, en hollandais, en hongrois. Des traductions anglaise, italienne, espagnole sont sous presse, ainsi que les traductions russe et suédoise. Dans un avenir peu éloigné on pourra lire le volume de l'abbé Kneipp dans toutes les langues de l'Europe.

Que renferme-t-il donc d'extraordinaire, ce livre qu'un simple curé de campagne a composé en six semaines? Ce n'est évidemment pas au mérite littéraire qu'est dû ce succès, quoique *Ma cure d'eau* soit écrit en une langue savoureuse, avec une certaine originalité qui en rend la lecture très attachante. Elle a trouvé cet accueil enthousiaste parce que c'est une vraie révélation. Sans doute, l'abbé Kneipp n'a pas inventé l'hydrothérapie. On en faisait déjà du temps d'Hippocrate et nous avons vu que lui-même a été mis sur la voie par le traité du docteur Hahn. Mais il a renouvelé en grande partie cette science, en modifiant les applications multiples de l'eau.

Son système médical est basé sur sa théorie des maladies, qu'il ramène toutes à une source unique. Toutes nos maladies, dit-il en substance, proviennent de ce que notre sang est vicié ou de ce qu'il circule mal. Pour les guérir, il faut donc agir sur cette sève vitale, en éloigner les éléments corrompus, en régler la circulation. Ce résultat est obtenu par l'emploi judicieux de l'eau, qui obéit comme un fidèle serviteur.

L'eau dissout et fait évacuer les corps étrangers qui encombrent le sang; elle fortifie les organes et rétablit une circulation normale.

Voilà les principes: ils sont simples, clairs, précis. Bien entendu je ne les discute pas; je 'n'ai pas la science nécessaire pour cela; je me contente de les énoncer.

Conformant ses remèdes à ses doctrines, l'abbé Kneipp agit toujours sur l'organisme tout entier. En tête de son livre il cite les paroles que le prophète Élisée adressait au prince Syrien Naaman atteint de la lèpre. « Allez, *lavez-vous* deux fois dans le Jourdain, votre chair guérira de nouveau et vous reviendrez pur ». Sans être prophète, il a la prétention, d'ailleurs justifiée, de « guérir et de purifier toute chair en la lavant ».

Ce qui étonne et irrite beaucoup de médecins, c'est qu'il tient parole. Dans son livre il cite d'innombrables guérisons dont le secret leur échappe. Pourquoi réussit-il alors que l'hydrothérapie de ses prédécesseurs et de ses contemporains est restée trop souvent stérile? *Ma cure d'eau* donne le mot de l'énigme. La différence des résultats s'explique par la diversité des méthodes. Kneipp fait à peu près ce que font les autres, mais il le fait autrement. Son expérience et aussi son génie, —génie que personne ne conteste plus, — lui ont permis d'arracher bien des secrets à l'eau et d'y découvrir les vertus que le Créateur y a mises. Aux applications déjà existantes il en a ajouté de nouvelles, et pour toutes il a formulé un double principe qui en augmenté singulièrement l'efficacité. Les affusions, lotions, bains, etc., doivent en général *durer peu* et il *ne faut pas s'essuyer le corps* après s'y être livré. Ces deux points, qui sont nouveaux, font principalement le succès de tout le système.

L'accueil fait par la presse au livre de l'abbé Kneipp fut en général très sympathique. Un grand médecin allemand, très anti-clérical, s'écria ingénument : « Ce petit livre est excellent, quel dommage qu'il vienne d'un calotin » ! Chez la plupart des adversaires de Kneipp, la réserve ou l'hostilité s'explique par la même cause. On regrette que *Ma cure d'eau* soit l'œuvre d'un prêtre. Si un laïque, voire surtout un incrédule, l'avait écrite, la science allemande n'aurait pas assez d'éloges pour lui. Mais faire l'apologie d'un prêtre catholique, c'est trop demander aux corps universitaires. Je m'empresse cependant d'ajouter que des médecins distingués ont rendu hommage à Kneipp en termes qui ne laissent rien à désirer. Il en est même qui, malgré leurs idées protestantes, sont devenus des partisans très chauds du curé de Wœrishofen. Le *Sanitætsrath* (conseiller sanitaire) docteur Bilfinger, une des autorités médicales de Stuttgart, lui a consacré un article enthousiaste, dans la fameuse Revue protestante : *Ueber Land und Mer*. Il l'appelle « un médecin béni de Dieu ». « Je le considère, dit-il, comme un génie, un médecin-né, un vrai bienfaiteur de l'humanité » ; et pour justifier ce langage lyrique il ajoute : « Je connais beaucoup de malades que leurs médecins avaient soignés en vain et qui ont été soulagés et même guéris tout-à-fait en se soumettant au traitement hydrothérapique de l'abbé Kneipp». «Les grands succès de cette nouvelle cure d'eau, continue-t-il, font désirer que la science examine sérieusement les idées du curé de Wœrishofen et en tire le meilleur profit ».

La *Frankfurter Zeitung*, *l'Aertzliche-Central-Anzeiger* de Hambourg, pour ne citer que des journaux non catholiques, ne se sont pas montrés moins favorables à *Ma cure d'eau*. Il faudrait tout un volume rien que pour reproduire les appréciations les plus importantes de la presse. Je doute qu'en Allemagne on puisse trouver un seul journal qui ne se soit pas déjà occupé au moins une fois des livres de l'abbé Kneipp. Quelques-uns les ont critiqués comme c'était leur droit, mais ces attaques n'ont porté que sur des points secondaires, ou bien quand tout le système était mis en cause, elles se maintenaient dans des généralités qui trahissaient surtout l'impuissance et le dépit. D'autres ont feint un certain détachement sceptique et haussé les épaules à la vue de ce lévite qui intervertissait les rôles et ramassait les malades délaissés par la science sur le chemin de Jéricho. Le plus grand nombre s'est incliné devant le *génie* bienfaisant de ce paysan du Danube en soutane.

On était encore sous le coup de l'émotion produite par ce premier livre, lorsque l'infatigable curé lança un second volume destiné à compléter l'autre. *Ma cure d'eau* indique les moyens d'éliminer les maladies déjà existantes. Comment faut-il se servir de l'eau? Les simples des prés, que la science actuelle néglige trop, peuvent-ils être d'utiles auxiliaires de l'eau? Quelles maladies sont susceptibles d'être guéries par l'eau et comment? Les trois parties du livre répondent à cette triple question. Mais si guérir est bien, prévenir le mal vaut encore mieux. L'hygiène est, d'après Kneipp, le grand facteur de la santé, et c'est à l'hygiène qu'est consacré son second ouvrage intitulé: « *So sollt ihr leben :* **Comment il faut vivre** ».

L'opinion publique est capricieuse. On peut quelquefois la surprendre, lui extorquer des applaudissements immérités. Mais ses retours sont aussi terribles que ses engouements sont faciles, et souvent elle ne hisse un favori au Capitole que pour le précipiter de plus haut. La publication d'un second volume pouvait être une épreuve très critique pour l'abbé Kneipp. Il en est sorti victorieux. Le succès de *So sollt ihr leben* a été encore plus rapide que celui de *Ma cure d'eau*. Dans l'espace de deux ans environ, 80.000 exemplaires se sont répandus en Allemagne et de nombreuses traductions sont en préparation. Loin de diminuer le prestige de l'abbé Kneipp, cet ouvrage lui a valu de nouveaux adeptes parmi les médecins. Ceux-là même qui s'étaient défiés de ses remèdes ont reconnu que ses conseils d'hygiène étaient dictés par une haute sagesse et par une connaissance profonde des conditions vitales. Cet homme, — les plus récalcitrants sont forcés d'en convenir, — est doué d'une puissance d'observation extraordinaire. Son regard pénètre plus avant dans le corps humain qu'on ne l'a jamais fait.

So sollt ihr leben mérite de devenir et deviendra le livre classique de l'hygiène. Je ne voudrais pas exagérer ma pensée, mais je croirais volontiers qu'il fera époque en Allemagne et avec les modifications indispensables peut-être, dans le reste de l'Europe! Après l'avoir lu, on voudrait crier à tout le monde : Prenez et lisez. Si vous savez le comprendre et profiter de ses enseignements, vous ferez œuvre éminemment sociale et patriotique. Vous contribuerez à régénérer la société.

L'abbé Kneipp, — et en sa qualité de prêtre et de

médecin, cette ambition lui est permise, — aimerait à réagir contre l'amollissement qui énerve et tue la génération actuelle. Ses conseils tendent à combattre les habitudes efféminées qui gagnent chaque jour du terrain et qui sont également nuisibles au corps et à l'âme. Il sait que, si d'une part on se tue beaucoup plus qu'on ne meurt, d'autre part rien n'est souvent plus funeste à la santé de l'âme que la maladie du corps.

Ces idées, il les a développées dans un troisième volume qu'il adresse spécialement au peuple et qui porte ce titre un peu long : *Conseiller pour ceux qui sont bien portants et pour ceux qui sont malades — Rathgeber für Gesunde und Kranke.* Le *Rathgeber* doit paraître sous peu à Donauwœrth, et la première édition, — vendue d'avance, — sera de 40.000 exemplaires.

Dans le peuple même, il est une catégorie de gens qui, plus que les autres, ont besoin d'observer les règles d'une saine hygiène : ce sont les ouvriers. L'abbé Kneipp a également songé à eux, et en ce moment il met la dernière main aux *Règles de vie pour la classe laborieuse.* Ce volume, qui sera encore publié dans le courant de cette année, achèvera le cycle des traités hydrothérapiques de l'abbé Kneipp.

A ces quatre ouvrages fondamentaux il faut en ajou-

ter plusieurs autres qui sont en quelque sorte les co-
rollaires où les appendices des premiers. Ainsi cette
année a paru un *Almanach-Kneipp* qui s'est répandu
à plus de 100.000 exemplaires, un *Atlas* des plantes
médicinales indiquées dans les autres volumes, les
conférences faites à Munich le 1er et le 29 avril 1891,
enfin les *Kneipp-Blætter*, un journal bimensuel qui
apporte d'excellents articles du curé et qui cite les cas
pathologiques les plus remarquables soignés par lui.

Ces ouvrages ont provoqué à leur tour une série de
brochures dont quelques-unes sont hostiles au système
Kneipp, mais dont le grand nombre est plutôt favora-
ble. Je citerai entre autres les volumes suivants : *Die
Kneipp-Kur*, par le docteur Birnbaum ; *Die Kneipp-Kur*
par Binder ; *Altes und Neues zur Kneipp'schen Wasser-
Kur*, par le docteur Wagner ; *Anwendung der Wasser-
Kur nach Kneipp,* par Loewenbruch ; *Das Buch vom
Pfarrer Kneipp,* par A. von Rhein, etc. Amis ou adversaires, tout le monde s'occupe de l'abbé Kneipp, de
ses écrits, de son œuvre. La revanche du pauvre tisse-
serand de Stefansried est complète et éclatante.

III

Pendant que savants et profanes discutent les doctrines médicales de l'abbé Kneipp, cet admirable Samaritain continue son œuvre de miséricorde et pro-

digue ses soins aux milliers de malades venus des quatre vents de l'horizon. Si ses livres parcoururent tous les pays de l'Europe, il semble que ces pays lui envoient à leur tour tout ce qu'ils ont d'infirmités invétérées. Le spectacle que présente Wœrishofen est une des choses les plus curieuses qui se puissent concevoir. Après avoir envisagé le curé comme écrivain, il sera intéressant de l'observer sur le terrain de son activité, de l'étudier au milieu de ses innombrables malades dans ce village paysannesque transformé soudain en un vaste hôpital.

Rien de plus prosaïque et de moins pittoresque que la paroisse de l'abbé Kneipp. Représentez-vous une de ces agglomérations de maisons rustiques, comme on en trouve en Alsace et en Allemagne, plaquant de leurs pignons blancs une large plaine verdoyante. Un clocher carré plus ou moins gothique domine le village de son toit pointu et rompt à peine la monotonie de cet humble séjour. A une certaine distance des habitations, quelques bois de sapins coupent les lignes uniformes des champs et des prés, et lorsqu'il fait un temps clair on aperçoit vers le sud le profil étincelant des glaciers du Tyrol. La nature, on le voit, ne s'est pas mise en frais pour attirer les étrangers, et s'ils affluent quand même à Wœrishofen, les jouissances esthétiques ou les distractions mondaines ne sont pour rien dans ce concours. Ce n'est ni pour admirer la splendeur des sites ni pour chercher des plaisirs raffinés qu'on arrive ici. Les douze cents ou quinze cents personnes qui séjournent à Wœrishofen se soucient fort peu de ces accessoires qu'on croit indispensables ailleurs. Elles sont toutes malades et n'ont qu'un désir, celui de consulter le curé et d'être guéri par lui. Mais si le décor est d'une simplicité extrême, la *pièce* qui se joue sur la scène, si je puis parler ainsi, n'en est que plus empoignante. Pour vous en donner une idée nous allons vivre ensemble une journée dans l'intimité de *Vater* Kneipp, qui depuis trois ans a vu passer plus de quarante mille malades dans son presbytère.

Supposons que le train de Munich nous ait amenés à la gare de Turckheim par une radieuse matinée de juillet. Wœrishofen est situé à quelques kilomètres de cette localité; et une voiture nous y conduira en peu de temps. A mesure qu'on approche du village on constate la présence d'un nombre insolite d'étrangers.! On les voit qui se glissent le long des prairies, au bord des sentiers; dans les vergers, et, comme l'herbe est trempée par la rosée, ces promenades matinales ne laissent pas que d'étonner. La surprise devient de la stupéfaction quand, arrivé de plus près, on remarque que tous ces promeneurs sont nu-pieds. Les prêtres retroussent leur soutane; les dames leur robe et tous marchent dans l'herbe mouillée. Le visiteur qui n'est pas prévenu s'interroge avec inquiétude en face de cette apparition. Il ne peut en croire ses yeux et craint d'être le jouet d'une dangereuse hallucination. Les initiés, eux, ne s'en préoccupent pas. Ils savent que ces courses sont un des grands remèdes de l'abbé Kneipp. Si ces centaines de malades poitrinaires, scrofuleux, rhumatisants, rachitiques, etc., se sont dépouillés de leurs chaussures, c'est que le curé-médecin le leur recommande. A Wœrishofen on se trouve littéralement dans le royaume des va-nu-pieds. Presque tous les malades se soumettent à ce régime, et encore qu'au début on les voit hésiter quelquefois, ils finissent par y trouver un véritable plaisir. La chose est d'autant plus piquante que parmi ces va-nu-pieds improvisés on rencontre des noms très illustres. En effet, je ne crois pas qu'il y ait un médecin en Europe avec une clientèle plus brillante que celle de l'abbé Kneipp. L'été dernier, Wœrishofen a hébergé, entre autres, le prince Albert de Solms-Braunsfels, le prince et la princesse Adolphe de Schwarzenberg, la duchesse Éléonore d'Arenberg, le comte Arnold de Lippe, le comte Charles Kinsky, le comte et la comtesse de Henkel-Donnersmark, la comtesse Gondrecourt, la comtesse Auersperg, le comte Joseph Stolberg-

Wernigerode, la baronne Haymerlé, la baronne Gillès de Pôlichy, etc. J'abrège cette liste très longue des noms aristocratiques qui figurent sur les registres de l'abbé Kneipp. A côté de ces princes et princesses on trouvait à Wœrishofen d'autres personnages tels que l'évêque croate Mgr Zengg, le baron Nathaniel Rothschild (l'Autrichien), l'ambassadeur perse résidant à Vienne, et même un ministre de la Perse. Malgré leurs riches blasons, la plupart de ces hôtes de distinction ont suivi le traitement commun et se sont promenés nu-pieds dans l'herbe humide. Je connais une comtesse qui éprouvait tant de plaisir à cet exercice qu'elle ne remettait pas sa chaussure de toute la journée. Jamais pied aristocratique n'avait été à pareille fête.

Nous voici à Wœrishofen même. Ne cherchez pas d'hôtel comme il en existe dans les villes d'eau, vous perdriez votre temps. En fait de confort moderne, le village n'offre que trois ou quatre auberges d'aspect fort médiocre, avec des chambres et une cuisine rudimentaires. La foule des malades logent dans les maisons privées, où les installations ne sont pas moins rustiques. L'abbé Kneipp, qui prêche avant tout l'endurcissement du corps, ne se soucie pas d'organiser de ces hôtelleries luxueuses comme on les exige de nos jours (1). La vie au grand air, une nourriture très simple, beaucoup d'exercices et des lotions de toutes sortes : c'est tout ce qu'on trouve à Wœrishofen. Les 30.000 malades qui y ont vécu dans le courant de l'année dernière ont dû se contenter de cette existence d'un caractère si primitif ( ). Environ 1.000 étrangers sont logés un peu partout au village. Les autres tàchent de se caser dans les localités voisines, sauf à venir passer une partie de la journée à Wœrishofen. Le baron de Rothschild avait imaginé une combinaison plus originale. Il avait conservé son vagon-salon à la gare de Turckheim, et c'est là qu'il dormait et qu'il prenait ses repas.

Ces campements, on le devine, ne sont pas sans privations. Mais, par un phénomène assez naturel, personne n'a presque l'air de s'en apercevoir. Est-ce qu'on regrette quelque chose quand on est porté sur les ailes de l'espérance, et quel est le malade qui n'attende un coup de maître de l'abbé Kneipp ?

---

(1) Par suite de l'affluence toujours grossissante, l'abbé Kneipp a été obligé de faire construire une vaste maison destinée à recevoir les membres du clergé. Cette maison vient d'être achevée ainsi qu'un grand hôtel, *Kurhotel Wœrishofen*, et d'autres constructions nouvelles. D'autres maisons et hôtels sont en construction.

(2) Je n'ai pas besoin d'ajouter que ces 30.000 malades ne se trouvaient pas à Wœrishofen en même temps.

Jamais homme n'a inspiré une pareille confiance ! Regardez ce groupe qui se presse à la porte du presbytère; comme il lui tarde de voir le curé, d'entendre des paroles de salut de sa bouche. Entrons avec une fournée de malades. Les consultations commencent dès 8 heures du matin, car tout le monde est matinal à Wœrishofen. Le curé, qui est debout à 4 heures (en hiver, à 5 heures), reçoit dans une vaste pièce du rez-de-chaussée. Il est assis à une longue table, et à ses côtés se tiennent quelques médecins, qui écoutent ses paroles comme des oracles; s'il a des adversaires, il compte aussi de nombreux disciples dans le corps médical. Il y en a quelquefois jusqu'à dix et quinze autour de lui pour étudier son système et profiter des leçons de son expérience. L'abbé Kneipp fait une profonde impression sur tous ceux qui l'approchent pour la première fois. C'est un vieillard admirablement charpenté, chez lequel rien ne trahit plus les privations et les souffrances de la jeunesse. Malgré ses 70 ans, il est robuste comme un chêne et supporte un labeur qui écraserait un homme dans toute la force de l'âge. Ses traits réguliers et pleins de fraîcheur respirent la santé, et son front, large et élevé, qu'effleurent à peine deux ou trois rides légères, est encadré de beaux cheveux blancs, sans être vieilli par cette neige.

Sous les arcades sourcillières, que surplombent deux énormes touffes noires, — deux vraies brosses, — flambent des yeux bleus d'un éclat incomparable: Toute l'âme du prêtre-médecin semble s'être concentrée dans ces yeux, dont le regard vif, acéré, vous pénètre jusqu'au plus intime de vous-même. C'est là que réside la force de l'abbé Kneipp. Ces yeux sont l'instrument le plus subtil dont savant ait jamais disposé. D'ordinaire, quand un malade se présente à son médecin, celui-ci est obligé de l'ausculter longuement, de procéder à une minutieuse enquête. Chez l'abbé Kneipp, rien de tout cela. Il se contente de regarder le malade, et, en dépit de ce que cet examen peut avoir de sommaire, son diagnostic est d'une sûreté merveilleuse. Cette sûreté du coup-d'œil fait l'admiration des juges compétents, comme il est facile de s'en convaincre en regardant les médecins qui entourent le curé de Wœrishofen.

Grâce à cette sorte de divination médicale, les consultations durent peu de temps, et c'est très heureux, car les clients qui attendent leur tour sont en grand nombre. Tous ceux qui trouvent de la place (1) entrent dans la pièce et assistent aux dia-

(1) Depuis quelques semaines l'affluence énorme des visiteurs a nécessité des réformes. Un bureau organisateur a été installé à

logues, parfois très amusants, qui s'engagent entre le curé et les malades. Les autres arpentent le large corridor ou la cour du presbytère, jusqu'au moment où sortent ceux qui les ont devancés au rendez-vous. Le plus souvent la joie rayonne sur le visage de ces derniers. L'abbé Kneipp a le talent de rendre du courage aux malheureux qui lui exposent leurs misères. C'est presque un plaisir de le voir sourire malicieusement en jetant un regard oblique à ses collègues, lorsqu'il se trouve en présence d'un cas difficile. Un malade dont le visage est dévoré par une dartre horrible, raconte qu'il a tout essayé et qu'il est plus souffrant que jamais. Le curé le considère attentivement puis, avec un calme admirable : « C'est très facile à guérir », lui dit-il, et il lui prescrit certaines lotions. Au bout de quatre semaines, le mal avait disparu. « J'ai vu venir, raconte A. de Rhein, un paysan tyrolien dans un état effroyable. Son nez avait envahi la moitié du visage et pris une forme absolument fantastique. L'infortuné souffrait le martyre, les médecins voulaient recourir au scalpel. — Essayons sans l'aide du couteau, dit le bon curé, et il *lava* si bien le paysan qu'il le débarrassa de sa monstrueuse ex-

Wœrishofen. C'est là qu'il faut désormais se munir d'une carte, pour être admis aux consultations.

croissance ». On pourait citer des centaines de faits non moins étonnants : des aveugles ont recouvré la vue, des gens impotents l'usage de leurs membres. Le lupus, le cancer lui-même, ont cédé à l'action puissante de l'eau. « Pendant mon séjour à Wœris-hofen, dit le même A. de Rhein, j'ai vu guérir en peu de semaines des malades qui avaient en vain demandé la santé aux médecins les plus célèbres de l'Allemagne et de l'étranger.

Naturellement, tout le monde n'est pas guéri. « Je ne puis pas supprimer la mort », disait plaisamment le curé. Il ne faut pas oublier que la plupart des malades qui arrivent à Wœrishofen recourent à l'hydrothérapie de l'abbé Kneipp parce que les autres médecins ne leur ont procuré aucun allégement. Il en est qu'un miracle seul pourrait sauver et le bon curé n'est pas thaumaturge. Mais, ceux qui sont guérissables, il a la prétention de les guérir par l'eau.

Il serait difficile d'établir le bilan exact de ces guérisons. Ce que l'on sait, c'est que le nombre en est très grand. Lœwenbruck, qui a vécu longtemps à Wœrishofen et qui a pris chaque jour des informations sérieuses, donne la statistique suivante : un cinquième environ s'en va complètement guéri, l'âme débordante de reconnaissance. Un autre cinquième a obtenu d'excellents résultats, mais est obligé de continuer le traitement hydrothérapique : ceux-là finissent également par se remettre tous. Ainsi pour une moitié à peu près, c'est le rétablissement complet de la santé. Pour le très grand nombre, c'est au moins un soulagement relatif qui n'exclut pas tout espoir. Les autres s'en vont comme ils sont venus parce que la mort impitoyable avait déjà jeté son dévolu sur eux.

Ces indications de Lœwenbruck doivent être conformes à la vérité, parce que ce publiciste n'est pas un admirateur absolu de l'abbé Kneipp. Il reconnaît ce que ce système a d'incontestablement supérieur, mais en relève aussi les ombres et les côtés faibles. Une chose reste évidente pour tous, c'est qu'en « *lavant toute chair* », le curé de Wœrishofen a fait merveille(1).

Ces *lavages* ne sont pas moins extraordinaires que les consultations de l'abbé Kneipp. A l'origine, la buanderie du presbytère servait d'établissement de bains. Ce seul mot a de quoi effaroucher les habi-

(1) Depuis que les *Kneipp-Blaetter* existent, les rédacteurs, — des médecins, — de ce journal publient dans chaque numéro le récit authentique d'une ou de plusieurs guérisons extraordinaires. Ces procès-verbaux, dont l'exactitude est indiscutable, ne laissent pas de faire sensation dans le monde médical. Un mouvement considérable se produit en Allemagne.

tués de Vichy ou d'Ems! Lorsque le nombre des malades est devenu si énorme, une telle installation ne pouvait plus suffire, et on a construit des salles de bains, d'ailleurs aussi primitives que l'historique buanderie.

A 10 heures et demie du matin, l'abbé Kneipp quitte son presbytère pour aller administrer lui-même les lotions à certains clients. A l'époque où ceux-ci étaient encore moins nombreux, il se chargeait de tous. Mais le jour où ils sont devenus légion, il y dut renoncer en grande partie, et mettre un personnel spécial à la disposition des étrangers.

Les diverses lotions, toujours très courtes, sont suivies de promenades en plein air s'il fait beau, ou sous un préau couvert les jours de pluie ou de neige. Cette marche réactive est indispensable par tous les temps, même en plein hiver. Des personnes de poitrine délicates prennent des douches froides avec une température de 6 à 8 degrés au-dessus de zéro, et se promènent ensuite sous cette espèce de portique ouvert à tous les vents. Un simple courant d'air leur valait des bronchites à la maison ; en suivant le système Kneipp, elles s'exposent impunément à ce soufle glacial dont la seule pensée les eût fait frémir autrefois. Tout est renversé à Wœrishofen, mais ce renversement est si peu un désordre qu'il produit la santé et la vigueur du corps.

La réforme radicale que l'abbé Kneipp a entreprise dans l'économie physique de l'homme s'étend à la nourriture aussi bien qu'aux soins extérieurs. Il suffit, pour s'en convaincre, d'assister à son repas, qu'il prend au couvent des Dominicaines, situé dans sa paroisse. Ce couvent est pour ainsi dire son second domicile ; il y a résidé longtemps comme aumônier, et quand il fut nommé curé de la paroisse, il continua à y retourner sans cesse. A midi précis il y dîne en compagnie d'un grand nombre d'ecclésiastiques malades. Le repas est simple et frugal : beaucoup de farinages, des légumes, etc. L'abbé Kneipp n'est nullement partisan du régime des viandes à outrance. Il croit avec raison que l'humanité n'a jamais été aussi faible, aussi anémiée qu'à notre époque où la viande a supplanté presque tous les autres aliments. A ses malades, il prescrit une nourriture capable d'effrayer les gourmets et les gourmands : une soupe qui porte son nom, — *Kneipp'sche Kraftsuppe,* — et qui a plus d'analogie avec le brouet noir des Lacédémoniens qu'avec les potages raffinés de la cuisine française ; un pain spécial, — qui se répand beaucoup en Allemagne, — fait avec une farine dans laquelle on a eu soin de conserver le son ; point de café, ou tout au plus un café imaginé par Kneipp, et pour lequel le *malt* brûlé remplace les grains de Moka ; aussi peu d'alcool que possible, jamais sous forme d'eau-de-vie, et sous la forme du vin très modérément ; peu ou point de mets sucrés ou trop acidulés. N'allez pas supposer que ces menus spartiates affaiblissent le corps : le contraire arrive, les malades n'ont qu'à s'en louer.

Tandis que l'abbé Kneipp dîne au milieu de ses clients en soutane, il leur expose ses idées, leur fait part de ses observations, semant ainsi la bonne semence sur une terre où elle fructifiera au centuple. Après le dîner, il reprend ses audiences au couvent même, dans les mêmes conditions que le matin, c'est-à-dire entouré de médecins.

Vers le soir, l'intrépide curé se met une dernière fois à la disposition des malades. L'été dernier, il a inauguré les conférences populaires qui ont excité le plus haut intérêt. Dès le 1er avril, il avait fait dans les « Salles centrales » de Munich, une longue conférence sur sa méthode, et pendant plus de deux heures il avait tenu sous le charme l'élite de la capitale, plus de trois mille personnes. A la fin du même mois, le 29, il dut en faire une seconde dans un local plus vaste où la foule fut encore plus grande. Un peu plus tard, il reprit ses conférences dans sa paroisse même. On lui érigea en plein air, adossée contre la paroi d'une maison, une chaire rustique d'où il parlait à la foule groupée autour de lui.

Le spectacle était aussi pittoresque que nouveau. Un curé qui haranguait un auditoire où se trouvaient confondues toutes les classes, et j'allais ajouter toutes les langues, où l'on voyait un humble vicaire à côté d'un banquier juif milliardaire, le comte Stolberg-Wermigerode auprès de quelques paysans bavarois, des princesses et d'humbles servantes, des Allemands, des Autrichiens, des Polonais, des Américains, des Français ([1]), etc. Et cet apôtre entretenait toute cette multitude bigarrée de médecine et d'hygiène. Quelle vision ! Comme bien l'on pense, ce n'étaient pas des discours artistement travaillés. L'abbé Kneipp parlait d'abondance, mais avec humour et surtout avec une grande autorité. Les sujets qu'il exposait étaient rarement préparés d'avance. « Tout-à-l'heure, commença-t-il un jour, j'ai rencontré un malade qui m'a accosté en ces termes : « Monsieur le curé, dites-nous donc quelque chose « du catarrhe ». Eh bien, parlons ce soir de

____

(1) On trouve ici, dit A. de Rhein, des malades de Londres, de Paris, de Rome, d'Athènes, de Berlin, voir même des Américains et des Australiens.

cette affection des organes respiratoires. Comment la prévenir et comment la guérir». Et la causerie continuait sur ce ton simple, mais tout émaillée des plus précieux enseignements. Il en était de même chaque fois. Ces conférences qui ont été continuées cette année-ci seront publiées en volume et augmenteront la collection si précieuse des ouvrages du curé-médecin.

Ainsi vit et ainsi agit l'abbé Kneipp dans sa paroisse de Wœrishofen. Chaque jour ramène pour lui les mêmes occupations et les mêmes fatigues. En ce moment, la foule des malades est plus grande que jamais, de sorte que Wœrishofen et les villages environnants peuvent à peine les contenir. A certains moments, on ne se tromperait guère en évaluant leur nombre à 1.600 et même à 1.800 têtes. On vient de partout, y compris l'Amérique et l'Australie, et il en sera de même jusqu'à l'entrée de l'hiver. Quelque rigoureux qu'il soit, l'hiver lui-même n'arrête que fort peu le flot de cette immigration. Des centaines d'infirmes restent ou arrivent à Wœrishofen durant la mauvaise saison. La cure d'eau se poursuit par tous les temps. On songe aussi à construire une immense salle où l'abbé Kneipp pourra faire ses conférences médicales lorsqu'il fera froid. Son ardente charité le condamne aux travaux forcés pour le reste de ses jours.

De ce que je viens de raconter à grands traits, il résulte que l'infatigable curé consacre tout son temps et toute sa science aux malades. Il est vraiment le bon pasteur qui se fait tout à tous. Il l'est par son dévouement, qui ne connaît point de bornes ; il l'est par son esprit de tolérance, accueillant juifs, protestants, catholiques, avec une égale bonté, leur donnant à tous les mêmes soins assidus ; il l'est surtout par son admirable désintéressement. Cet homme qui pourrait amasser des millions en tout bien et en tout honneur est pauvre et vit pauvrement. Les consultations sont pour ainsi dire gratuites. A quiconque se déclare peu fortuné, il ne demande absolument rien. Les autres ont à payer 2 ou 3 francs par semaine quels que soient les soins que réclame leur santé. Autant dire que tout est gratuit. Une partie des sommes provenant de la vente des livres sert à entretenir le personnel attaché à l'établissement des bains et à diverses constructions indispensables ; le reste, l'excellent prêtre le répand en aumônes. Beaucoup de malades pauvres sont nourris par lui pendant le séjour qu'ils font à Wœrishofen. Il en est auxquels il paie même leur retour, après leur avoir rendu la santé. L'abbé Kneipp est pour ainsi dire la charité faite homme. A l'exemple de son divin Maître, il passe sa vie *benefaciendo*, se dévouant à l'humanité souffrante sans acception de personnes.

Par sa charité et aussi par son génie, par ses livres, par l'ascendant qu'il sait exercer, l'abbé Kneipp est devenu une des personnalités les plus marquantes et les plus populaires de l'Allemagne. Il est connu jusque dans les moindres villages, ses traités sont dans toutes les familles. Les réformes hygiéniques dont il a pris l'initiative comptent des centaines de mille d'adhérents appartenant à toutes les classes de la société. Dans plusieurs grandes villes d'Allemagne, à Munich, à Wurzbourg, à Augsbourg, etc., il s'est formé des *associations-Kneipp* qui s'efforcent de propager les idées du curé de Wœrishofen. Ce mouvement, qui ne date que d'hier, promet d'aller en grandissant avec les années (1).

En même temps que triomphent les principes d'hygiène de l'abbé Kneipp, sa méthode hydrothérapique fait rapidement son chemin à travers l'Allemagne et l'Europe. Les centaines de médecins qui ont étudié à Wœrishofen ouvrent de tous côtés des *établissements-Kneipp, Kneipp-Anstalten*, où les malades sont

---

(1) Les idées de l'abbé Kneipp ont également suscité une série d'industries qui portent son nom. C'est ainsi qu'il y a des fabriques où l'on produit du *pain-Kneipp*, de la *farine-Kneipp*, du *café-Kneipp*, de la *toile-Kneipp*, etc., etc.

traités d'après les indications de *Ma cure d'eau*. On trouve de ces *Kneipp-Anstalten* à Munich, à Stuttgart, à Fribourg, à Zurich, à Wurzbourg, à Bonn, à Bibérach, et dans beaucoup d'autres localités. Chaque semaine, les journaux annoncent la création de quelque nouvelle maison de ce genre. On dirait le point de départ d'une véritable révolution.

L'influence de l'ex-tisserand de Stefansried est donc aussi puissante qu'étendue. Cet humble curé de campagne qui a commencé ses études à vingt-et-un ans laissera, dans l'histoire de cette seconde moitié du dix-neuvième siècle, un sillon lumineux, et son nom sera de ceux que la postérité prononce en les bénissant.

La science, l'industrie, le commerce, sont généralement pleins de mépris et d'hostilité pour l'Eglise catholique. Les hommes d'église sont considérés comme les adversaires nés du progrès matériel et de la civilisation moderne. N'est-ce pas une chose bizarre que cette même science et ce même commerce doivent à des ecclésiastiques deux instruments de travail de la plus haute portée ? C'est un simple curé de campagne, — un Badois, — l'abbé Schreyer, qui est l'inventeur du volapuck. Cette langue universelle, on le sait, rend déjà de très grands services au commerce et est destinée à être la langue commerciale de l'avenir. C'est un autre curé, — un Bavarois, — l'abbé Kneipp, qui ouvre de vastes horizons à la science médicale par le renouvellement de l'hydrothérapie. En présence de tels faits, la société contemporaine, quoi qu'elle en ait, devra reconnaître que les *curés* ont encore du bon, et que si le clergé catholique s'occupe surtout de l'au-delà, il est loin de ce désintéresser des choses de ce monde.

P. LETHIELLEUX, Éditeur, 10, rue Cassette, PARIS.

LE
MYSTÈRE DE LA PASSION

REPRÉSENTÉ DANS LES MONTAGNES DE LA BAVIÈRE

à

OBER-AMMERGAU

Traduit par Mme E. PARIS

SUR LE TEXTE OFFICIEL IMPRIMÉ POUR LA PREMIÈRE FOIS EN 1890

Seule traduction française authentique publiée
avec l'autorisation et sous le patronage du Curé d'OBER-AMMERGAU
précédée d'une lettre de M. l'abbé LE REBOURS
Curé de Sainte-Madeleine à Paris.

Édition de bibliothèque formal in 12, illustrée de 9 gravures deux phototypies et un plan. 2 00

Le même ouvrage en élégante reliure souple . . . 2 75

CETTE ÉDITION comprend l'historique du *Mystère*, avec d'intéressantes analyses et critiques, faites par des personnes compétentes, la traduction *officielle* et *complète* du *Mystère* et des *chœurs*, avec l'explication des *scènes* et *figures symboliques* ou *tableaux vivants.*

RÉCITS CONTEMPORAINS

MARGUERITE ou une Jeune fille dans le monde, par Mlle BENOIT. 2 »

MADEMOISELLE DE NEUVILLE, suivi de IDE DE CHAUDFONTAINE, par Mme BOURDON, in-12. 2 »

LA FEMME D'UN OFFICIER, par Mme BOURDON. 2 »

ANNE-MARIE, par Mme BOURDON 2 »

BELLES ANNÉES, par Mme BOURDON. 2 »

ÉLISA DE MONFORT, p. D. Y. C. FANGAREZZI. 2 »

HERMANN ET VILHELMINE, par M. C. FRANCK. 2 »

LES FIANCÉS DE SAINT CYPRIEN, par Mlle Élisa GAY 2 »

LE ROMAN D'UNE JEUNE FILLE PAUVRE, par Mlle Élisa GAY 2 »

LE MARQUIS DE SAVONE, par Mlle Élisa GAY. 3 »

VOYAGE D'EXPLORATION D'UN MISSIONNAIRE DOMINICAIN, chez les tribus sauvages de l'Équateur. 1 vol in-8° avec gravures. 4 »

DEUX SŒURS, par Mme la comtesse Ida de HAHN-HAHN. 2 vol. 5 »

PÉRÉGRIN, par Mme la comtesse Ida HAHN-HAHN, 2 vol. 5 »

AMOUR ET SACRIFICE, par Lady HERBERT. 2 »

LA CHAMBRE DES OMBRES, par Marin de LIVONNIÈRE. 2.50

LAQUELLE ? par Mme Étienne MARCEL. 2 »

POUR LA PATRIE, par Mme Étienne MARCEL. 2 »

ANGÈLE, par E. de MARGERIE 2 »

LE GENTILHOMME DE 89, par A. QUINTON. 2 vol. 6 »

LES FILS DE LA MONTAGNE, par A. THOLMEY. 2 »

ANNÉES DE CAMPAGNE, par un Curé de ville. 1.20

DEUX ORPHELINES, par J.-M. VILLEFRANCHE. 2 »

UN DOUBLE SACRIFICE, Récit de Castellidardo, par le R. P. DAEMS. 2

HAGIOGRAPHIES

- LE SAINT JOYEUX ou VIE DU BIENHEUREUX CRISPINO DE VITERBE, par le R. P. ILDEFONSE DE BARD, de l'ordre des Frères-Mineurs Capucins, in-12°. 2.50 — In-8°. 4 »

L'ÉTOILE DU XIXe SIÈCLE, par le R. P. J.-B. BOUVY, rédemptoriste. 2 vol. in-18 raisin. 4 »
I. — Vie de Saint Joseph, 1 volume. 2 »
II. — VERTUS DE SAINT JOSEPH, 1 volume. 2 »

VIE DE SAINT ALPHONSE DE LIGUORI, suivie d'exercices de piété tirés de ses œuvres ascétiques, avec l'approbation épiscopale, par M. l'abbé BERNARD. Beau vol. in-12 (VIII-452 pages). 2 50

MADAME DE BUSSIÈRES ou LA VIE CHRÉTIENNE ET CHARITABLE AU MILIEU DU MONDE, par M. l'abbé Henri CONGNET. Ouvrage dédié aux dames du monde et à toutes les mères de famille. 2e édit., revue et considér. augm., in-12. 2 50

LE PÈRE EUDES ET SES INSTITUTS, SA VIE ET L'HISTOIRE DE SES ŒUVRES (1601-1680-1869), par C. DE MONTZEY, in-12°. 2 50

VIE DE Mgr CUÉNOT, évêque de Métellopolis, Vicaire apostolique de la Cochinchine orientale. Par M. l'abbé CHEVROTON, directeur du Séminaire de Besançon, in-12. 2 »